ECOLE DE GUERRE NAVALE.

1924 - 1925.

HISTORIQUE DU SERVICE CENTRAL EN

1914 - 1915 - 1916.

Travail de Monsieur le
Lieutenant de Vaisseau
CAVELIER DE CUVERVILLE.

TABLE DES MATIERES .
-:-:-:-:-:-

I° PARTIE .

HISTORIQUE DU SERVICE CENTRAL EN 1914,1915,1913 .

CHAPITRE I -
- - - - - -

ORGANISATION DU MINISTÈRE DE LA
MARINE EN FRANCE EN JUIL-
LET 1914 .
———

L'histoire du Ministère de la Marine pendant les années
qui précèdent la guerre de 1914 révèle de nombreux tâtonne-
ments dans la recherche d'une organisation logique définis-
sant et répartissant avec harmonie les attributions des divers organes du Service Central .

Il n'apparait pas que les différentes solutions essayées
et fréquemment remaniées découlent d'un plan d'ensemble ap-
puyé sur des principes directeurs .

Mais il faut reconnaitre que l'organisation de 1914
marquait un progrès réel,tout au moins dans la conception,
sinon dans la réalisation,sur les systèmes précédents .

Sans remonter trop loin dans l'historique du Ministère,
on peut remarquer que pendant les dernières années du XIX°
siècle avait prévalu la théorie de l'omniscience et de l'om-
nipotence de l'E.M.G. dans toutes les questions . C'est un
peu la tournure d'esprit de l'époque qui ne voit dans le chef qu'un
praticien éminent et universel,connaissant tout,au courant
des moindres détails . Nous en trouvons l'écho dans bien des
ouvrages maritimes d'alors qui déclarent que le commandant
d'un navire doit être un savant,un ingénieur;dans le Programme même de l'Ecole Supérieure, où les questions techniques
ont le pas sur les principes d'organisation .

Rien d'étonnant par conséquent à ce qu'en 1892,le Chef
d'E.M.G; ait pour rôle de :
" seconder le Ministre dans tous les détails de l'admi-
" nistration de son Département ."

- 2 -

        A partir de I902,devant l'évidente impossibilité d'un rô-
le aussi écrasant,une réaction contre ces doctrines se mani-
feste et jusqu'en I9I2,par étapes successives,différents décrets réalisent la séparation des attributions de l'E.M.G. et
des services .

        L'organisation de I9I4 résulte du décret du 6 Mars I9I2
et de l'Arrêté Ministériel du 6 Mai I9I2,que nous allons examiner dans leurs grandes lignes :

1°/-L'E.M.G. en Juillet I9I4-

        "Le Chef d'E.M.G.,dit l'arrêté de I9I2,est responsable
" de la préparation à la guerre navale(organisation des for-
" ces navales,mobilisation,préparation des études et plans de
" guerre,mouvements,entraînement de la Flotte) .
    ,   "Il est secondé par 1 sous chef d'E.M.G.,4 officiers su-
" périeurs chefs de section et un certain nombre de Lieute-
" nats de vaisseau répartis en 4 sections dont les attribu-
" tions respectives sont les suivantes :

        "1° Section : Renseignements et travaux historiques
            (1 off.sup. et 5 Lieut. de Vaisseau)
        "2° Section : Ports,côtes ,mobilisation
            (1 off. sup. et 4 Lieut. de Vaisseau)
        "3° Section : Mouvements de la Flotte
            (1 off. sup. et 2 Lieut.de Vaisseau)
        "4° Section : Opérations,entraînement,étude du matériel
            (1 off. sup. et 6 Lieut. de Vaisseau).

        Il est bien entendu ainsi que le C.E.M.G. prépare la
guerre navale,mais rien n'indique qu'il soit chargé de la direction générale des opérations. C'est ,sans doute,au Ministre qu'appartient ce soin. Les textes de I9I2 ne le préci-
sent pas et   à vrai dire,il ne semble pas que la question
ait été posée et tranchée par un document précis. Mais la
création du Conseil Supérieur de la Défense Nationale en I9I3
composé du Président du Conseil,des Ministres des Affaires
Etrangères,de la Guerre,de la Marine,des Colonies et des Fi-
nances,semble indiquer que la coordination des opérations navales appartiendrait éventuellement au Ministre de la Marine
conformément aux plans de guerre du Conseil Supérieur .

        D'ailleurs,le problème de la direction centrale des opé-
rations sur divers théâtes ne semblait pas préoccuper beaucoup les esprits et finalement,il ne se trouvait pas résolu
lorsque survint la guerre .

2°/- <u>Les services du Ministère en Juillet 1914.</u>

La principale innovation de l'Arrêté de 1912 est le groupement des services sous deux autorités militaires distinctes relevant directement du Ministre .

La première centralise les services de la Flotte construite sous la direction d'un officier général du corps des officiers de marine nommé
" <u>Directeur militaire des services de la Flotte</u> " .

Il a sous son autorité :
       (le service du Personnel militaire de la Flotte
       (le service de l'Intendance
       (le service de Santé .

Chacun de ces trois services a d'ailleurs à sa tête un chef particulier responsable vis-à-vis du Directeur militaire,du fonctionnement de son service propre .

Il n'y a donc pas superposition d'autorités,mais coordination des services se rapportant à un même objet : l'utilisation de la flotte active .

La seconde autorité constituée par le "<u>Directeur militaire des services de travaux</u>",également officier général du corps des officiers de marine,centralise d'après les mêmes principes,les grands services de construction :
       (Direction centrale des Constructions Navales,
       (Direction centrale d'Artillerie Navale,
       (Service Central des Travaux hydrauliques,
       (Section des instruments de navigation et de conduite
             du tir .

Les directeurs particuliers sont en général des ingénieurs de la spécialité intéressée - sauf à l'Artillerie Navale,dont le Directeur fut assez longtemps le C.A. de Gueydon .

Quant aux directeurs militaires,ils sont en outre Inspecteurs Généraux permanents .

Le principe de la séparation des rôles de l'E.M.G. et des services est donc respecté dans ce système,sauf une exception .

Le Service Central de l'Aéronautique maritime,créé par <u>Décret du 10 Juillet 1914</u>,est placé sous l'autorité du Chef d'E.M.G. pour les questions purement militaires,mais il reçoit

- 4 -

délégation du Ministre pour les décisions techniques et administratives .

3°/- Relations entre l'E.M.G. et les services-

        L'Arrêté Ministériel de 1912 ne se borne pas à définir
les attributions de l'E.M.G. et des Services. Il prévoit leur
collaboration sous forme de conférences hebdomadaires réunis-
sant, sous la présidence du Ministre, le chef d'E.M.G. et les
deux Directeurs militaires . De la sorte, dit le texte :
        " Ces trois grands services (EMG, Services de la Flotte,
" et services des travaux) réalisent sous l'autorité de trois
" officiers généraux de la Marine le groupement des Directions
" et services ayant dans leurs attributions tout ce qui con-
" cerne la constitution de la Flotte, sa construction, son ar-
" mement, son entretien, son utilisation en temps de paix, sa
" préparation à la guerre, ainsi que l'organisation des bases
" navales et des points d'appui qui lui sont necessaires ."

        Notons encore ici que ce triumvirat voit son rôle limi-
té à l'utilisation en temps de paix et à la préparation à la
guerre, de la Flotte .
        Il n'est pas question de l'utilisation à la guerre .

4°/- Les organes consultatifs .

        En dehors de l'E.M.G. et des services, existent au Minis-
tère des commissions consultatives dont les principales sont:

        a) le Conseil supérieur de la Marine,
        b) le Conseil technique et son émanation directe, la Com-
mission permanente des essais des bâtiments de la Flotte.
        c) la Commission permanente de contrôle et de révision
du Règlement d'armement .

        Le Conseil Supérieur, réorganisé par le Décret du 24 Dé-
cembre 1912, est composé en dehors du Ministre, Président :
                (du V.A., C.E.M.G., vice-président,
                (des deux Directeurs militaires,
                (de deux officiers généraux de Marine ayant exercé
                (dans leur grade un commandement à la mer .

        Peuvent être appelés à siéger au Conseil Supérieur, en
outre de ces Membres permanents :
        Le C.E.C. de l'Armée Navale
        Le V.A. Ct. une escadre métropolitaine
        Les Préfets M/mes et de Ct. de la Marine en Algérie .

Le Décret du 24 Décembre 1912 spécifie que :

"Le Conseil Supérieur de la Marine est chargé de l'étude
" des questions se rapportant à l'établissement maritime, à la
" préparation de la Guerre sur mer et à la participation de
" la Marine à la Défense du littoral.
" Il est obligatoirement consulté sur la constitution et
" l'utilisation des forces navales dans le présent et dans l'
" avenir; sur le programme des bâtiments à mettre en chantier
" sur m'organisation de la défense des côtes, en ce qui concer-
" ne la Marine; sur le programme de construction et d'exten-
" sion des arsenaux et points d'appui; sur les procédés de re-
" crutement et de formation des équipages ."

Conformément au même décret, il est prévu que le Comité
technique est consulté pour l'adoption de tout matériel nouveau et l'examen des projets de bâtiments .

Avant d'aborder une autre phase de l'historique du Ministère, notons dès maintenant que ni le Conseil Supérieur, ni le
Comité technique n'eurent à intervenir pendant la guerre. Toutes les décisions furent prises par les responsables immédiats
sans consulter ces organes dont l'avis aurait dû être recueil-
li fréquemment si l'on s'en rapporte au texte que nous venons
de citer .

En résumé, l'aspect de l'organisation de l'E.M.G. et des
services du Ministère en 1914 peut se représenter par leschéma
ma Annexe 1 .

Nous n'examinerons pas le rôle du Secrétariat Général du
Ministère et de ses annexes (Comptabilité générale, Contentieux)
ce qui dépasserait le cadre de cette étude .

CHAPITRE II .

MODIFICATIONS DANS L'ORGANISATION DE L'EMG.

Dès le début de la guerre,l'E.M.G. éprouve de grandes
difficultés à faire face à ses obligations en ce qui concerne la conduite des opérations .

Non seulement,on constate que le système en vigueur ne
répond pas aux besoins du temps de guerre et qu'en particulier la 4e Section,chargée des opérations,est écrasée par le
service courant et les autres questions qui lui incombent,
mais les difficultés inhérentes au principe de l'organisation
sont accrues par le manque de personnel . Dans les premiers
jours de la mobilisation,de nombreux officiers de l'E.M.G.
ont rejoint les unités combattantes et l'effectif,déja bien
faible,est devenu tout à fait insuffisant . Ce n'est qu'au
bout d'un an qu'il commence à s'accroître . Du 3 Septembre
au 6 Décembre 1914,l'E.M.G. et les services du Ministère
sont installés à Bordeaux,et ce déplacement apporte une nouvelle cause de trouble dans le fonctionnement du service central .

En 1915,alors que la Marine aurait besoin de toutes ses
ressources pour organiser la riposte à la lutte sous-marine,
elle est déja privée d'une partie de ses moyens par le concours qu'elle prête à la Guerre (fabrication de munitions,
d'équipements,etc...) et ce n'est qu'avec de grandes difficultés qu'elle récupérera quelques-uns de ses ateliers .

Enfin,des problèmes d'une importance et d'une nature inat-
tendues se posent à la Marine comme l'organisation du ravitaillement de la Russie et de la Roumanie,le ravitaillement
de l'armée d'Orient .

Toutes ces considérations expliquent les remaniements
partiels subis par l'E.M.G. et les tentatives faites pour
adapter tant bien que mal l'instrument à sa tâche .

Les modifications apportées dans l'E.M.G. se tradui-
sent le plus souvent par des décisions ministérielles ou des
ordres intérieurs qui montrent que les solutions adoptées
sont temporaires dans l'esprit même de leur auteur et faites
pour parer au plus pressé en attendant des jours meilleurs
où l'on pourra remettre de l'ordre dans la maison . Elles
ne portent guère d'ailleurs jusqu'en fin 1916 que sur des
changements d'attributions partiels des sections . Le cadre
général institué en 1912 reste le même et aucune réforme de
grande envergure n'est tentée jusqu'en 1917 .

1°/-Modifications d'ordre général-

    a)-Création du bureau des opérations- Par ordre du 9
Août 1914, le sous-chef d'E.M.G. constitue un "bureau des opérations" en prélevant dans les diverses sections les officiers nécessaires à sa formation (2 capitaines de frégate et 9 lieutenants de vaisseau). Ce bureau est placé sous son autorité immédiate. Malgré son nom, ce n'est qu'un organe de liaison permanent
entre le Chef d'E.M.G. et ce qui reste des sections . C'est aussi une sorte de secrétariat enregitsrant les télégrammes à l'ar-
rivée et au départ .

    Les officiers qui le composent continuent en principe à
s'occuper des affaires de la section dont ils faisaient partie
antérieurement,précisément afin d'assurer la coordination du travail .

    Cette innovation ne donne pas de résultats satisfaisants et
le 6 Décembre 1914,un ordre du sous-chef d'E.M.G. remplace ce bureau par un secrétariat (4 lieutenants de vaisseau et 1 maître
fourrier) chargé de la tenue à jour des registres de correspon-
dance

    b)-Création du bureau F.A.- L'ordre du 9 Août 1914 institue
également un bureau dit bureau F.A. (Franco-Anglais),chargé des
communications télégraphiques et téléphoniques entre Paris et
Londres. Ce bureau est placé sous les ordres du Chef de la 1°Sec-
tion de l'E.M.G.

    Le 6 Décembre,l'ordre créant le secrétariat donne à ce der-
nier les fonctions du bureau F.A. qui se trouve ainsi supprimé .

c)-Création de la 1° Section A- Le 3 Août 1914,une décision ministérielle constitue à l'E.M.G. une section supplémentaire dirigée par un officier général (Amiral Moreau) chargée de traiter les questions de blocus,commerce avec l'ennemi,droit international,prises,etc... Comme elle doit être en
relations constantes avec la 1° Section,on la dénomme 1° Section A.

L'expérience montre qu'il y a dualité d'attributions entre ces deux sections et en Novembre 1916,la 1°Section A. est
incorporée à la I°Section .

d)-Le poste de sous-chef d'E.M.G. supprimé le 23 Mars
1915 est rétabli le 5 Novembre 1915 .

2°/-Modifications dans les sections de l'E.M.G.-

A)- 1° Section - Renseignements - Travaux historiques.
Aucun changement important à signaler dans ses attributions fondamentales. Mais ses moyens de travail sont amélio-
rés et complétés :

- En Mars 1915,est créé le service cryptographique.
- En Décembre 1915,s'organise le service des renseignements;jusqu'alors les moyens d'information étaient très pau-
vres et dispersés . Cette innovation permet à la Marine de
se tenir en liaison avec les bureaux correspondants de la
Guerre et de la Sûreté Générale,d'organiser des services spéciaux à l'étranger et de centraliser les questions de contre-
espionnage la concernant .
Ce service étudie particulièrement les mouvements des
sous-marins ennemis .

On réussit ainsi à publier à partir du 8 Décembre 1915
un bulletin quotidien de renseignements destiné à informer le
commandement .

-Le 1° Mai 1916,une décision ministérielle rattache à
la I° Section le service de la T.S.F. qui se trouvait jusqu'alors dépendre de la 4° Section à titre de matériel "signaux" . Il y a donc groupement partiel des moyens de renseignement et des moyens de communication .

B)- 2° Section :

Il est nécessaire d'examiner de plus près les attributions de cette section que nous avons résumées par les mots : Ports, côtes, Mobilisation .

Elle est chargée des installations matérielles des bases, de l'organisation des fronts de mer, des communications et sémaphores et des éléments flottants de défense des côtes (dragueurs, flottilles de torpilleurs et sous-marins de Défense mobile) dont elle assure l'entretien et la direction .

Au titre "mobilisation" , elle est chargée des stocks de guerre, du ravitaillement, de la mobilisation du personnel et de la réquisition des navires de commerce .

Il ne tarde pas à se produire des difficultés dans la direction des flottilles métropolitaines lorsqu'elles ont à opérer contre les sous-marins . Elles ont cessé depuis la fin de 1914 d'être de simples éléments de défense mobile et constituent des groupements opérant au large, sous l'autorité de commandants supérieurs qui, jusqu'au milieu de 1916, relèvent du Préfet Maritime .

A ce titre, elles dépendent de la 2° Section. Mais comme forces opérant hors de la zone côtière, elles appartiennent à la 4° Section de l'E.M.G. (opérations).

Un ordre du Chef d'E.M.G. du 30 Janvier 1916 précise que la 2° Section a dans ses attributions toutes les opérations relevant du Préfet Maritime et des autorités maritimes dans les ports, en particulier, la direction des flottilles du nord et des flottilles de l'Océan, même lorsqu'elles opèrent hors de la zone côtière, puisque leurs commandants supérieurs dépendent des Préfets Maritimes .

Par contre, les bâtiments de flottille de l'Armée Navale dépendent de la 4° Section .

Quant à la flotte de ravitaillement de l'armée d'Orient, elle est rattachée à la 2° Section pour sa constitution et son entretien . Mais lorsque ces bâtiments ont quitté les ports français, ils dépendent de la 4° section jusqu'à leur retour.

Il y a donc dualité de commandement et les inconvénients du système ne sont pas évités malgré la liaison que la 2° et la 4° section s'efforcent d'assurer .

lussi,par note du 3 Mars 1916,le chef d'E.M.G. centrali-
se-t-il entre les mains de la 4° Section la direction de toutes les flottilles.

D'ailleurs,en mai et en août 1916,les Préfets Maritimes
cesseront d'avoir autorité sur les patrouilles et celles-ci re-
lèveront directement du Ministre .

C)- 3° Section - Mouvements de la Flotte .
Cette section avait pour rôle de tenir à jour la liste des
bâtiments de guerre mobilisables,d'ordonner les travaux à entre-
prendre et de faire les prévisions de réparations .

Il se produisit une décentralisation inévitable de ses
attributions et l'importance de son service s'en trouve forte-
ment diminuée .

Elle fut alors fondue dans la 4° section par un ordre du
chef d'E.M.G. du 30 Janvier 1916 .

Le titre de 3° section renaîtra en Novembre 1916,mais il
sera porté par la section de l'E.M.G. chargée de l'Aéronautique,question que nous traiterons plus loin .

D)- 4° Section - Opérations , Matériel, Entraînement.
L'énumération de ces trois titres fait pressentir quelle
lourde tâche incombe à cette section. Elle est chargée en effet
D'établir les plans d'opérations,y compris les transports
de troupes;
d'établir les instructions pour le temps de guerre;
de la constitution des forces navales;
de la tactique et des signaux;
de l'entraînement militaire et de l'instruction du personnel;
du programme de constructions neuves;
des rapports avec les Directeurs militaires pour toutes
les études de matériel;
des règlements et manuels d'utilisation;
de la détermination des effectifs nécessaires (plan d'armement) .

On chercherait en vain quel évènement de la guerre navale
ou quelle mesure prise par l'une des marines alliées n'aurait
pas une répercussion plus ou moins directe sur le travail de la
4° section

Ecrasée par le service courant,elle ne peut s'occuper des opérations en toute liberté d'esprit .

De plus,elle a hérité en Janvier 1915 des attributions de la 3° section et en Mars 1916 elle est chargée de toutes les flottilles opérant contre les sous-marins .

Il est vrai qu'elle est débarassée de la T.S.F. qui passe à la 1° section en Mai 1915 .

En présence de ces difficultés et en raison de la menace grandissante des sous-marins ennemis,l'amiral Lacaze,Ministre de la Marine,tente à la fin de 1915 de centraliser toutes les questions relatives à la guerre sous-marine sous la direction d'une seule autorité et par décision ministérielle du 8 Novembre 1915,l'amiral Ronarch est nommé chef du service de "Défense contre les sous-marins" (D.C.S.M.).

Ce service"s'occupe de découvrir les moyens matériels
" propres à vaincre le sous-marin,d'en etudier l'utilisation
" et d'en assurer l'approvisionnement" .

L'amiral Ronarch est donc en quelque sorte un second chef d'E.M.G. ayant délégation de l'autorité du premier pour tout ce qui concerne cet objectif . Ses propositions au sujet du fonctionnement du nouveau service sont approuvées le 19 Novembre,et à partir de ce moment,les sections de l'E.M.G. ne correspondent plus qu'avec lui pour toutes les questions de guerre sous-marine .

Nous verrons qu'en Angleterre,un an plus tard,l'amiral Jellicoe,First Sea Lord,créera également auprès de l'E.M.G. une "Anti-Submarine Division" spécialisée dans un rôle analogue,avec les mêmes pouvoirs étendus . Mais l'analogie se limite aux mots. Tandis que cette anti-submarine division est dotée d'un personnel supplémentaire (12 officiers,plus des secrétaires civils) et libère réellement l'"Operations Division" de toute question de guerre sous-marine,il n'en est pas de même en France. L'effectif de la 4° section n'est pas modifié et il n'y a qu'un groupement différent des attributions sous une autorité différente . La tâche du chef d'E.M.G. est peut-être allégée,mais les moyens de l'E.M.G. ne sont guère accrûs que par une extension des pouvoirs,mais aussi des charges,du nouveau service .

- 12 -

Quoi qu'il en soit,il faut reconnaître que la création du
service D.C.S.M. aboutit à d'heureux résultats,qu'une impulsion
nouvelle est donnée à la lutte contre les sous-marins et que
les moyens de protection sont accrûs(achat de patrouilleurs,
armement des bâtiments de commerce,équipement de tous navires
en T.S.F........)

Le service D.C.S.M. ne vit que six mois sous cette forme autonome. L'amiral Ronarch prend le commandement de la
Z.A.N. le I° Mai 1916,et le 6 Mai son service est supprimé.
Les attributions en sont réparties entre la 2° et la 4° Section comme par le passé et c'est le sous-chef d'E.M.G. qui
assure la coordination de toutes les affaires se rapportant à
la guerre sous-marine.

L'idée de 1915 sera reprise en 1917,mais sur une plus vas-
te échelle et avec des moyens plus puissants : elle aboutira
à la création de la D.G.G.S.M.

E)- L'Aéronautique .
En Juillet 1914,le Service Central de l'Aéronautique Maritime est dirigé par un Capitaine de Vaisseau relevant du
Chef d'E.M.G. pour toutes les questions militaires,mais ayant
délégation du Ministre,donc indépendance complète pour les affaires techniques et administratives .

Ce service est pauvrement outillé,et d'ailleurs,l'activité de l'Aéronautique Maritime est faible .

La nécessité d'utiliser les engins aériens contre les
sous-marins a déjà été reconnue par le service D.C.S.M. et une
extension de l'Aéronautique est décidée en 1916.

Une modification du Service Central de l'Aéronautique est
jugée indispensable et l'Arrêté du 8 Septembre 1915 disloque
ce service et répartit ses attributions de la façon suivante :

I°° A l'E.M.G.,est constituée une section d'Aéronautique
rattachée à la 4e Section,et nommée 4° Section A. Elle a pour
rôle de fixer les règles servant de base à la conception,la
composition,l'organisation et l'utilisation de l'Aéronautique
Navale(personnel et matériel), d'étudier les aéronautiques
étrangères, d'inspecter les formations en service . Cette section prendra le nom de 3° section par Décision Ministérielle
du 22 Novembre 1915 .

2°) Une section technique de l'Aéronautique est incorporée au Service Technique des Constructions Navales. Elle est composée d'Ingénieurs du Génie Maritime et d'officiers de marine et a pour mission les études techniques, l'achat et la construction du matériel aéronautique .

3°) Des services de réparation et d'approvisionnement sont également incorporés dans les services correspondants de la Direction Centrale des Constructions Navales et de la Direction Centrale de l'Intendance .

4°) La Direction militaire des services de la Flotte est chargée du recrutement et de l'administration du personnel de l'Aéronautique .

C'est donc un essai de fusion complète de l'arme nouvelle avec les autres armes de la Marine, en lui appliquant les mêmes règles de fonctionnement .
Il en sera ainsi jusqu'à la création de la D.G.S.M. en 1917 .

CHAPITRE III .

MODIFICATIONS DANS LES SERVICES DU
MINISTERE DE LA MARINE.

1/-<u>Direction militaire des services de travaux-</u>

Dès le début de la guerre, l'action directrice et le contrôle effectif de cette Direction ont pratiquement cessé d'exister .

D'ailleurs de Novembre 1915 à Mai 1916, il n'y a pas eu de Directeur militaire des travaux.

La D.M.T. n'est représentée de Mai 1916 à Mars 1917 que par le Capitaine de Vaisseau chef du Secrétariat de cette Direction .

II/- <u>Direction militaire des services de la Flotte-</u>

Les attributions n'ont pas changé, mais le secrétariat du Directeur a été supprimé de fait par suite de l'embarquement presque de/tout le personnel qui le composait .

Trois vice-amiraux se succèdent à la tête de cette Direction de 1914 à 1916 .

III/- <u>Direction centrale des Constructions Navales-</u>

1°- Une décision ministérielle du <u>3 Octobre 1914</u> crée au Ministère de la Marine un service de centralisation des fabrications d'obus et affûts pour l'Armée .
L'action de ce service s'exerce sur les Directions de Constructions Navales des ports, sur les établissements d'Indret, de Guérigny et les usines chargées de commandes relatives à ces fabrications .

2°- Une circulaire Ministérielle du 7 Juillet 1915 institue un service centralisateur des charbons industriels. A cette centralisation s'ajoutent successivement des centralisations de produits et matières diverses, assurées par le même service (aciers à outils, aciers de construction, bois, toles, cuivre, aluminium, etc.....)

3°)- Un service ouvrier de la Marine est institué par Circulaire Ministérielle du 12 Août 1916 .

IV/-Service Central de l'Intendance Maritime -

Par arrêté du 3 Octobre 1916, il est créé un Service des Réquisitions Maritimes, divisé en 2 bureaux : Bureau de la Réquisition et bureau de la gérance des navires réquisitionnés. Avant Octobre 1916, ce service était simplement rattaché au Bureau des Approvisionnements de la Flotte (Transports généraux et affrétements) .

V/- Service des Archives, Bibliothèques et Travaux parlementaires-

Une section historique est créée dans ce service par arrêté du 11 Novembre 1916. Elle dépend de l'E.M.G. pour la direction des travaux historiques .

2ᵉ PARTIE .

HISTORIQUE DE L'AMIRAUTE BRITANNIQUE EN 1914 - 1915 - 1916 .

Chapitre 1 .

LE BOARD OF ADMIRALTY EN 1914 .

Voir An-
nexe II -

Le Board of Admiralty peut être considéré comme un Conseil permanent chargé de créer et mettre en oeuvre tous les moyens de la puissance navale britannique .

Sa composition, fixée par un Memorandum du 7 Septembre 1912, était la suivante en 1914 :

Le Premier Lord

éléments (Le 1ᵉ Lord Naval	Le Lord Civil	)éla-
(Le 2°	Le Lord Civil additionnel)ments
militai- (Le 3°	Le Secrétaire parlemen-) ci-
res (Le 4·	taire et financier)vils
	Le Secrétaire permanent)

Le Premier Lord - C'est un personnage politique, membre du Cabinet, représentant le Gouvernement dans l'Amirauté et indiquant la politique à laquelle doivent se conformer toutes les décisions prises par les membres du Board of Admiralty . Il a la direction générale et la surveillance de toutes les affaires intéressant la Marine et en est responsable vis-à-vis de la Couronne et du Parlement, cependant que les Lords Navals sont séparément responsables vis-à-vis de lui des affaires qui leur incombent .

Le Premier Lord doit donc surtout chercher à s'entourer d'hommes auxquels il puisse faire largement confiance .

Il a certaines attributions directes au Personnel (promotions d'officiers, récompenses, emploi des officiers généraux et commandements de navires) .

On peut assimiler son rôle à celui du Ministre de la Marine en France.

Le Premier Lord Naval (First Sea Lord)- C'est le commandant en chef de toute la flotte britannique, l'Amiralissime responsable vis-à-vis du 1° Lord de la constitution de la Flotte,de sa préparation à la guerre,de sa mobilisation et de son emploi . Il dispose,en 1914,d'un Etat-Major au même titre qu'un général en campagne,pour l'aider dans la préparation de ses décisions . Cet E.M. est nommé Naval War Staff . Nous l'étudierons plus loin .

Le 2° Lord Naval - C'est généralement un Vice-Amiral,dont les attributions sont celles d'un Directeur du Personnel militaire (effectifs,désignations,réglements de mobilisation du personnel).

Il est chargé en outre des Ecoles,des dépôts,des hopitaux,
de la Discipline générale,
des signaux .

Sous son autorité sont placées:
la Direction du service de santé
la Direction de l'Instruction Navale
l'Aumonerie de la Flotte .

Il a enfin la haute main sur le personnel militaire de tous les Départements de l'Amirauté .

Le 3° Lord Naval (généralement contre-amiral) -   C'est le Directeur du matériel. Il a charge de tous les moyens par lesquels le matériel naval est créé et maintenu en état de service .

Il dresse les projets de bâtiments neufs qui doivent être soumis à l'approbation du Board of Admiralty et en fait exécuter les plans. Il est responsable de l'exécution des décisions du Board en ce qui concerne les modifications,constructions,réparations de tout le matériel .
IL étudie les programmes de construction et de réparation .

Pour s'acquitter de cette tâche,il;a sous son autorité :

1°) La Direction des Constructions Navales .
Celle-ci est entièrement civile et technique et le Directeur en est choisi parmi les Ingénieurs en chef les plus réputés des grandes compagnies de Constructions Navales .

2°) La Direction des machines.
entièrement composée d'officiers mécaniciens,ayant à sa tête un mécanicien général (grade de V.A.)

3°) La Direction des Arsenaux (civile)

4°) La Direction de l'Artillerie navale et des torpilles .
Elle comprend un contre-amiral,directeur général,des officiers de marine et des officiers mécaniciens .

5°) La Direction de l'Armement dont les attributions sont à peu près celles de la Commission permanente de révision des Réglements d'armement,en France .

6°) La Direction de l'Aéronautique
Composée d'officiers de marine et officiers mécaniciens.

7°) La surintendance des compas et instruments nautiques
Composée d'officiers de marine en retraite .

Le 4° Lord Naval (généralement Capitaine de Vaisseau)- Directeur général des approvisionnements et transports. Il a la surveillance des approvisionnements de toute nature en magasin (munitions,vivres,habillement,combustibles,médicaments).

Il est chargé de toutes les questions de transport,ravitaillement de la Flotte et des parcs à combustible,réquisition des bâtiments de commerce pour cet usage .

Il est chargé encore des questions de solde .

Les Directions suivantes sont par conséquent sous son autorité :

1°) Direction des Transports
   (composée d'officiers retraités)

2°) Direction du Service de santé,en ce qui concerne les
   approvisionnements .

-20-
- 3°)-Direction des subsistances et de l'Habillement
        (entièrement civile)

    4°) Direction des approvisionnements
        (entièrement civile

    5°) La Comptabilité Générale(en ce qui concerne les
        soldes du personnel militaire)

Le Lord Civil - Ce Lord est à la fois surintendant des travaux hydrauliques,Directeur du Personnel Civil de la Marine
et Directeur de la Police des Arsenaux .

    Il a autorité sur :

    1°) la Direction des travaux hydrauliques,qui est entiè-
rement civile,

    2°) la direction de l'hopital de Greenwich,sorte de Cais-
se des Invalides de la Marine,dont le personnel est entièrement civil .

    3°) la Comptabilité générale,en ce qui concerne les
questions de solde du personnel civil .

Le Lord Civil Additionnel - C'est l'Intendant des marchés,
l'acheteur de la Marine .Il n'a pas de responsabilité technique,mais il s'assure que le matériel livré par les fournisseurs répond aux conditions posées par les techniciens et il
cherche à payer le moins cher possible. Tous les marchés sont
de son ressort.

    Il dispose pour cette tâche de la Direction des marchés,
organe entièrement civil,auquel sont attachés des "Officiers
des marchés" et des inspecteurs .

Le Secrétaire parlementaire et financier - C'est une sorte de
sous-secrétaire d'Etat,représentant la Marine à la Chambre
des Communes .

    Il gère le budget de la Marine,et surveille les dépenses
de tous les services .

    La Direction de la Comptabilité est directement sous ses
ordres et toutes les autres directions relèvent de lui pour
les questions financières .

<u>Le Secrétaire permanent</u> - C'est un personnage civil,non politique,qui assiste obligatoirement à toutes les réunions du Board of Admiralty. Il rédige et transmet toutes les décisions prises par celui-ci,reçoit toute la correspondance officielle et la répartit entre les intéressés .

Il est de plus chargé du service intérieur des Bureaux de l'Amirauté .

C'est enfin le représentant de la tradition et des règlements dans le Board .

Son rôle est extrêmement délicat et exige une connaissance étendue de toutes les questions .

L'organisation du Board of Admiralty parait à première vue plus complexe que celle du Ministère de la Marine en France .

Les fonctions des Lords de l'Amirauté s'enchevêtrent,mais sans s'embrouiller. Nous avons vu que certaines directions dépendent de divers Lords suivant la nature des affaires qu'elles traitent .

Ce système a fait ses preuves depuis trop longtemps pour qu'on puisse le critiquer. La compétence et la stabilité de la plupart des autorités responsables assure un fonctionnement souple et régulier de l'ensemble .

Dans la période que nous étudions,aucune modification ne fut apportée à cette organisation .

LE NAVAL WAR STAFF .

En 1911,à la suite d'une tension politique entre l'Angleterre et l'Allemagne,certaines imperfections furent constatées dans la préparation à la guerre de la Flotte. Les approvisionnements de charbon de la côte est étaient insuffisants on n'avait pas de dragueurs de mines dans le Nord;la 1° Division de la Home Fleet n'avait pas été informée de la situation diplomatique .

Tout cela révélait non pas une défaillance des services, mais le manque d'ordres donnés à ceux-ci en temps utile. La responsabilité en incombait à l'EMG. ou à ce qui en tenait lieu à cette époque,c'est-à-dire au Naval Intelligence Department.

Cet organe créé en 1885,avait vu son rôle sensiblement élargi en 1887 et en 1911 ,il avait pour mission,non seulement la recherche des renseignements,mais la préparation des plans de mobilisation et plans d'opération à soumettre à l'Amirauté. M. Winston Churchill,premier Lord de l'Amirauté décida de le réorganiser d'après des principes qu'il exposa dans un Mémorandum au début de 1912 :

" Un EMG.,dit-il,qu'il soit militaire ou naval,doit com-
" prendre trois sections principales :
" Une pour recueillir les renseignements d'après lesquels
" on se déterminera.
" Une autre pour réfléchir sur les faits obtenus par la
" première et sur leur relation avec la politique de l'Etat.
" Une troisième pour permettre de traduire en acte la dé-
" cision prise par l'autorité supérieure ."

Ce sont les idées que nous exprimons actuellement en disant qu'au moyen de son état-major,le Chef doit savoir,vouloir et pouvoir .

Mr.CHurchill,après avoir dû briser quelques résistances personnelles en haut lieu, réalisa donc son état-major général qu'il nomma Naval War Staff. Celui-ci comprenait trois divisions :

1°)"L'Intelligence Division"dirigée par un Capitaine de Vaisseau,avec un Capitaine de Vaisseau adjoint,14 officiers et 10 clerks .

2°) "L'Operation Division" (1 Capitaine de vaisseau directeur,un Capitaine de vaisseau adjoint,4 officiers et 4 clerks) .

3°) La "Mobilisation Division" (1 Contre-amiral directeur, 1 C.V. adjoint,2 officiers et 5 clerks) .

Sans entrer dans le détail des attributions de ces trois divisions,nous voyons qu'elles correspondent à peu près à celles de nos 2°,3° et 1° bureaux actuels .

La partie "renseignements" est particulièrement développée. Quant à la "Mobilisation division" elle est assez réduite en raison des fonctions des 2°,3° et 4° Lords navals qui l'affranchissent d'une grande partie de ses charges .

Ce Naval War Staff est dirigé par un Vice-amiral assisté d'un Capitaine de Vaisseau . Le tout est placé sous les ordres directs du 1° Lord Naval,mais celui-ci n'est pas chef du Naval War Staff .

Il est bien spécifié que le Naval War Staff n'a aucune autorité de commandement (executive authority) et que son rôle se borne à fournir au 1° Lord Naval les éléments des décisions .

Pendant la période que nous étudions,il ne sera pas apporté de changement à cette repartition des rôles. Ce n'est qu'en 1917 que Lord Jellicoe,alors Premier Lord Naval,prendra la direction de l'Etat-Major Général,mais en s'adjoignant deux sous-chefs d'E.M.G.,le "Deputy Chief of Naval Staff" et le "Assistant Chief of Naval Staff" .

En résumé,pendant les années 1914,1915,1916, l'organisation du Naval War Staff peut se représenter ainsi :

1° Lord Naval

|

V.A. Chef du Naval War Staff

Intelligence Division	Operations Division	Mobilisation Division

- 24 -

Notons enfin que les officiers du N.W.S. devaient tous
provenir du Naval War College de Portsmouth où ils auraient
suivi des cours spéciaux leur conférant un brevet d'Etat-Major . Ce principe ne put être appliqué complètement pendant
la guerre .

<u>Création de l'Anti-Submarine Division</u> -

En Décembre 1916, Lord Jellicoe prenant ses fonctions de
1° Lord Naval, crée en dehors du Naval War Staff une nouvelle
division chargée spécialement de la lutte contre les sous-marins. Cette innovation est analogue à la création, en France,
du "Service de Défense contre les sous-marins" un an plus tôt,
mais le personnel nécessaire, au lieu d'être prélevé parmi les
officiers en service à l'Amirauté, constitue un effectif supplémentaire . L' "anti-submarine division" dirigée par un contre-amiral, et comprenant 11 officiers, plus des secrétaires civils, dépend directement du 1° Lord Naval, qui à ce moment, n'est
pas encore chef du Naval War Staff .

Elle a pour mission, dit Lord Jellicoe, " d'examiner et de
" perfectionner tous les projets expérimentaux pour combattre
" la menace sous-marine et de créer de nouveaux plans pour dé-
" truire les sous-marins ennemis. Elle relève la Division des
" opérations du contrôle de tous les bâtiments, avions inclus,
" qui sont engagés dans une mission "anti-sous-marine", offensi-
" ve ou défensive . Elle prend charge également des opérations
" de dragage .

" Cette organisation, ajoute t-il, prête à la critique, puis-
" que les questions d'opérations et de matériel sont confiées
" à la même tête. Mais elles étaient alors si intimement liées
" que l'on considéra comme souhaitable de rompre avec l'organi-
" sation correcte d'Etat-Major " .

D'ailleurs nous devons remarquer que Lord Jellicoe prescrit le contact le plus intime entre le Chef de cette Anti-Submarine Division et le chef du Naval War Staff, et que de toute
façon, l'autorité suprême du 1° Lord Naval réalise l'unité de
vues .

L'organisation prend donc la forme suivante :

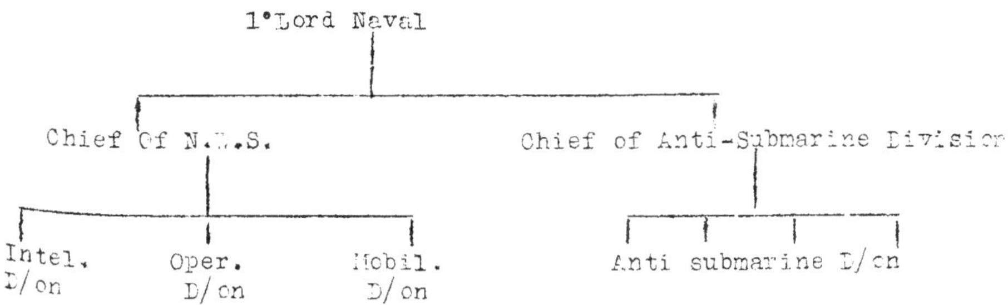

Elle subsistera jusqu'au printemps de 1917, époque à laquelle le 1° Lord Naval devient chef du Naval War Staff. Mais l'anti-submarine division sera conservée jusqu'à la fin de la guerre.

3° PARTIE .

<u>LE COMMANDEMENT DANS LES PORTS EN 1914,1915,1916 .</u>

Chapitre 1 -

L'ARRONDISSEMENT MARITIME .

Le Pré-   En 1914,le littoral de France et d'Algérie-Tunisie est
fet Ma-   divisé en six arrondissements maritimes pour le comman-
ritime.   dement et l'administration de la Marine .

          A la tête de chacun d'eux est placé un officier gé-
néral(vice-amiral ou contre-amiral) résidant au port
chef-lieu et portant le titre de Commandant en chef,Pré-
fet Maritime .

          Cet officier général a un rôle militaire et adminis-
tratif. Il commande en chef les forces navales affectées
à l'arrondissement ainsi que celles qui y stationnent et
ne dépendent pas d'un autre commandant en chef .

          Il est gouverneur de la Place et chargé de la défense
du port chef-lieu. A cette époque,en effet,la Défense des
côtes est du ressort de l'armée,et la répartition des responsabilités à ce sujet entre la Guerre et la Marine est
réglée par le Décret du 18 Mars 1913. Mais,tenant compte
des intérêts prépondérants de la Marine au port chef-lieu,
ce texte prévoit que le Préfet Maritime est responsable de
cette enclave et qu'afin de respecter le principe établi,
il relève à ce propos du Ministère de la Guerre .

          Le rôle administratif du Préfet Maritime comporte :
          -la direction supérieure de tous les services de la
Marine dans l'arrondissement et la coordination de leur action en vue de la complète disponibilité des forces navales
pour le combat.
          -la préparation de la mobilisation des bâtiments dans
les délais fixés .
          -l'entretien au complet des stocks de guerre locaux .

<u>Les services militaires de l'arrondissement -</u>

Le Préfet Maritime exerce son commandement militaire par l'intermédiaire de trois autorités qui sont :
- Le Chef d'Etat-Major,
- Le Commandant du front de mer,
- Le Major Général .

Le chef d'E.M. n'est pas seulement chargé de diriger le travail de l'E.M. comme il est de règle aujourd'hui. Il;a sous ses ordres une quantité de petits services d'importance inégale qui l'absorbent beaucoup . Parmi ceux-ci,les principaux sont la T.S.F.,les sémaphores et les "services maritimes de sûreté"(aviation et renseignements) .

Quant à l'état-major de l'arrondissement,il ne s'occupe que de l'organisation générale et nullement de questions d'opérations . Il est subdivisé en trois sections s'occupant respectivement du personnel,du matériel et de l'administration .

Le Commandant du Front de mer a sous ses ordres :
- les flottilles locales (torpilleurs et sous-marins)
- la Défense fixe(torpilles,mines,dragages)
- l'artillerie du front de mer et les moyens en personnel et matériel que la Guerre met à la disposition de la Marine pour la défense locale .
Il est enfin chargé de la police de la navigation .

Le Major Général est commandant de l'arsenal et a autorité en temps de guerre sur tous les services de l'arrondissement relevant normalement du Préfet Maritime(travaux hydrauliques,constructions navales,artillerie navale,santé)intendance).

Ses attributions ont été sensiblement étendues par le Décret du 8 Juillet 1916 qui lui donne <u>définitivement</u> autorité sur tous les Directeurs des services et place sous ses ordres le Dépôt et la Gendarmerie maritime,charges dont le chef d'E.M. se trouve libéré .

L'Inscription Maritime -   Nous devons distinguer l'Inscription maritime des services de l'arrondissement précédemment énumérés,car elle ne relève jamais du Major Général,mais toujours du Préfet Maritime.

A la fin de 1916,la Marine marchande passe du Ministère de

la Marine au Ministère des Travaux Publics . Il en résulte
une modification dans les rapports entre le Préfet Maritime
et l'Inscription maritime par suite des dispositions du Décret
du I9 Décembre I9I6 qui départage les attributions des deux
Départements intéressés . Le Préfet Maritime ne conserve plus
que le contrôle relatif aux questions militaires (recrutement,
mobilisation,discipline......).

CHAPITRE II .

LES COMMANDEMENTS DE LA MARINE?

Le bref exposé qui précède va nous aider à comprendre le rôle des commandants de la Marine au cours de la guerre.

1° Période -(1 Août 1914- 15 Mars 1915)   Avant 1914,le besoin s'était déja fait sentir de créer dans certains ports de la métropole et aux colonies des représentants de l'autorité maritime,ayant la haute main sur toutes les questions intéressant la Marine, et permettant ainsi une décentralisation du commandement.

A vraie idire,il ne semble pas que les attributions de ces autorités locales,dénommées "Commandants de la Marine" aient jamais été parfaitement précisées. Le titre a-t-il été jugé assez explicite par lui-même,ou bien a-t-on évité intentionnellement de le définir,afin de ne pas soulever certains problèmes interministériels ?

Quoi qu'il en soit,nous ne trouvons aucun texte qui nous éclaire à ce sujet .

Si nous n'examinons que ce qui concerne la métropole, nous constatons qu'en 1914,il n'existe que deux"commandants de la Marine",celui d'Ajaccio depuis 1901,et celui de Dunkerque depuis 1913 .

Ils sont à la tête de sous-arrondissements relevant respectivement de Toulon et Cherbourg et ont mêmes attributions militaires et administratives que les Préfets Maritimes dont ils dépendent : ce sont les représentants locaux du Préfet Maritime .

Leur rôle parait donc être surtout le commandement des forces navales basées sur Ajaccio ou Dunkerque et du front de mer de ces ports .

Cette conception avait été autrefois considérablement élargie et en 1899 et 1900 avaient été institués des commandements de la marine à Marseille et au Havre .

Les rapports justifiant ces créations paraissent indiquer que la marine pressentait le rôle capital que joueraient les ports de commerce dans le ravitaillement du pays et l'importance d'une liaison préétablie entre la marine marchande et les forces navales .

Mais en 1903,ces deux commandements avaient été supprimés,sans doute par raison d'économie,malgré les services qu'ils avaient rendus,et au début de la guerre,la marine se trouvait réduite à l'utilisation de ses seuls ports de guerre,en y comprenant Dunkerque et Ajaccio .

Il faut remarquer que si l'utilisation des grands ports par la Marine ou sous son contrôle n'était pas préparée,ces ports n'en créaient pas moins une charge militaire .

Le Décret du 18 Mars 1913 fixant les attributions respectives de la Guerre et de la Marine dans la Defense des côtes prévoyait/que dans certains ports comme Le Havre et Marseille,la défense locale était placée sous le commandement supérieur d'un officier de marine Gouverneur .

C'est ainsi qu'à l'automne de 1914,le gouverneur du Havre est un contre-amiral .

2° Période -   A partir de 1915,la Marine est contrain-
Mars 1915-Novem-   te de s'occuper de plus près des ports de com-
bre 1916 .   merce .

D'une part,les forces de patrouille se sont multipliées et nécessitent l'utilisation de bases nombreuses placées près des zones d'activité de sous-marins et convenablement outillées .

D'autre part,les questions de navigation commerciale,de protection des routes,de transit,de convois,se trouvent intimement liées aux opérations navales et exigent une liaison dans les ports entre les autorités responsables .

Enfin les difficultés d'exploitation et d'utilisation des ports,encombrés par un afflux croissant de navires,montrent la nécessité d'une autorité coordonnant toutes les formes de l'activité de ces ports .

Aussi,par une succession de décrets,des commandements de la Marine sont ils institués :

```
au Havre      ( 15 Mars 1915)
à Marseille  ( 10 Mai  1915)
à St-Nazaire( 24 Sept.1915)
  Calais      )
  Boulogne    )
  Dieppe      )    25 Avril 1916
  Rouen       )
 La Rochelle  )
  Bordeaux    )
  Nantes      ( 28 Juillet 1916)
  Cette       ( 22 Déc.   1916)
```

Là encore, nous ne trouvons aucune définition précise du rôle des commandants de la marine. L'important était sans doute d'établir une autorité locale en lui laissant le soin de faire pour le mieux suivant les problèmes à résoudre .

La création des commandements de Calais, Boulogne et Dieppe coïncide avec celle du commandement supérieur de la Marine dans la Z.A.N. dont l'Amiral Ronarch prend la charge le 1° Mai 1916. Il était en effet impossible au Préfet Maritime de Cherbourg de s'occuper de ces bases trop éloignées .

Cette incertitude sur le rôle des commandants de la Marine se prolonge et certaines anomalies subsistent, révélant le besoin d'une réglementation plus nette .

C'est ainsi qu'il existait depuis l'arrêté interministériel du 30 Janvier 1915 une "Commission centrale des ports maritimes" établie au 4° Bureau de l'Etat-Major Général de la Guerre, et représentée dans les ports de commerce par une "Commission des ports" chargée du transit du matériel et des approvisionnements destinés à l'armée .

Or, dans cette "commission des ports", il n'y a pas de représentant de la marine.

Il est facile d'imaginer les difficultés que suscitent ainsi les questions de mise à quai, de stockage, de main-d'oeuvre, etc..... entre des autorités qui s'ignorent .

Ce n'est que par modification du 22 Juillet 1916 à l'Arrêté de 1915 qu'un officier de marine est enfin prévu dans ces "Commissions" .

Mais ces remèdesont insuffisants et dans les ports de la
Z.A.N. en particulier,où les opérations militaires sont de
grande importance,et où la liaison avec les forces anglaises
exige une autorité indiscutée,le commandant de la Marine ne
possède pas de moyens d'action assez étendus .

3° Période - Novembre
1916 à la fin de la
guerre -

Afin de leur fournir des indica-
tions plus précises sur leurs fonctions,
le Décret du 3 Novembre 1916 cherche à
définir aux commandants de la Marine
leur situation et les pouvoirs qui leur
sont conférés .

Bien qu'insuffisant encore pour éviter toute difficulté,
ce texte apporte un peu de netteté dans la question. Il sti-
pule que :

1°) Les commandants de la Marine dans les ports de la
métropole relèvent,pour toutes les questions militaires,du
Préfet Maritime de l'arrondissement(ou du Commandant supérieur
Z.A.N. pour les postes de cette zone) .

2°) Ils ont délégation de l'autorité du Préfet Maritime
(ou du Ct.supérieur Z.A.N.) pour donner des ordres :
   - aux commandants du front de mer de leur quartier en ce
qui concerne la défense maritime,l'arraisonnement,le dragage.
   - aux directeurs de l'Inscription maritime en ce qui tou-
che à la police de la navigation commerciale,police du pilotage et des pêches .

3°) Ils ont sous leurs ordres les administrateurs de l'
Inscription maritime de leurs quartiers en tant que suppléants
des directeurs des services du Port chef-lieu ,

4°) Ils suivent dans leurs quartiers les travaux effec-
tués par l'industrie pour la remise en état ou l'aménagement
des bâtiments de la Flotte ou des bâtiments de commerce réquisitionnés ou affrétés .

Cette dernière mesure accroît sensiblement l'importance
de leur rôle et constitue une innovation intéressante .

Mais là s'arrêtent les accroissements de pouvoirs des commandants de la Marine. En particulier,ils restent sans action
sur le service des renseignements et le service des communications ,

- 34 -

Enfin,il ne semble pas que les chefs militaires et administratifs aient disposé du personnel suffisant pour les seconder dans leur lourde tâche,et sans doute bien des problèmes auraient-ils été résolus plus complètement s'ils avaient possédé un Etat-Major convenable .

Une autre cause de difficulté était la multiplicité et la diversité des intérêts engagés dans l'administration et l'utilisation des grands ports . Il était à peu près impossible au représentant de l'autorité maritime d'y être vraiement le maitre,tant qu'il n'était pas admis en haut lieu que la responsabilité de l'utilisation du port incombait à la Marine .

A Marseille,par exemple,certains services comme le pilotage,la surveillance des bâtiments étrangers,la délivrance des rôles,et même l'amarrage et le remorquage échappaient entièrement au commandant de la Marine .

Cet état de choses s'aggrava d'ailleurs lorsqu'en Décembre 1916,la Marine marchande passa sous la direction du Ministère des Travaux Publics .

Il eut fallu que le commandant de la Marine eut délégation des autres ministères pour représenter l'autorité unique coordonnant toutes les questions relatives à l'utilisation maritime et militaire du port .

Cette solution fut adoptée en 1918 pour certains ports et donna d'heureux résultats .

Quoi qu'il en soit,et quelqu'imparfaites qu'aient été les solutions,la création des commandements de la marine a permis aux forces navales de tirer parti des grands ports comme à bases d'opérations,de ravitaillement et de réparations .

Et dans une période où ces ports étaient d'une telle importance pour le ravitaillement du pays,où les questions de navigation commerciale et d'opérations navales se confondaient elle a facilité l'effort extraordinaire demandé aux grandes places maritimes,et d'où dépendait le succès final .

4° PARTIE .

<u>ORGANISATION DES SERVICES DE RENSEIGNEMENT</u>

<u>ET DES BUREAUX DE RENSEIGNEMENT</u> .

Nous distinguerons deux périodes dans cette étude :
la 1° se rapporte à l'organisation résultant des textes de
1913,la seconde aux modifications apportées au système en
1916. Pendant ces deux périodes,les principes d'organisation
sont d'ailleurs les mêmes et la réglementation de 1916 n'est
qu'une mise au point de celle de 1913 .

1° Période .

La nécessité d'un service de renseignements propre à la
Marine est reconnue par <u>le Décret du 18 Mars 1913</u>,fixant les
attributions des autorités relevant de la Guerre et de la Marine,en ce qui concerne la Défense des côtes. Il y est dit:

Article 8 : " La Marine,pour son service particulier de surveil-
" lance et d'information vers le large dispose :
"   - de bureaux de renseignements,
"   - de postes électro-sémaphoriques et de postes de T.S.F.
" lui appartenant ou mis à sa disposition en temps de guer-
" re .
"   Tous ces organes,même ceux situés dans une place mariti-
" me autre qu'un port militaire relèvent directement du Pré-
" fet Maritime .

Article 13 :   Chacun des Départements de la Guerre et de la
" Marine a son service propre de renseignement. Toute indica-
" tion intéressant la défense,recueillie par l'un d'eux est
" transmise à l'autre par les voies les plus rapides. "

L'organisation de ce service est précisée par la Dépê-
che ministérielle du 13 Novembre 1913,qui,détail caractéris-
tique,porte les timbres des 2° et 4° sections de l'E.M.G.,
mais pas celui de la 1° Section,laquelle est cependant chargée
des renseignements .

C'est,en effet,principalement une organisation des transmissions et des liaisons hiérarchiques que définit cette Dé-
pêche ministérielle .

<u>Objet du S.R.</u> - L'objet des services maritimes de renseignements y est ainsi décrit :

I°/Recueillir, centraliser, coordonner et trier les renseignements intéressant les opérations maritimes, et les porter par les voiés les plus rapides et les plus sûres à la connaissance des autorités maritimes et militaires qui ont intérêt à les connaître .

2°/Assurer également par les voies les plus rapides et les plus sûres la transmission des avis et des ordres émanant des diverses autorités .

<u>Division du littoral et commandement</u> - Pour l'application de ce réglement, le littoral est divisé en 4 secteurs comprenant chacun un <u>Bureau Central</u> (Cherbourg, Brest, Toulon, Bizerte), des <u>Bureaux régionaux</u> et des <u>Bureaux annexes</u> .

Cette répartition en secteurs répond "aux nécessités impératives de l'exploitation radiotélégraphique". Afin de la faire concorder avec la division du littoral en arrondissements, du point de vue du commandement, les mesures suivantes sont prescrites :

Le Préfet Maritime du 2° Arrondissement aura en temps de guerre, les prérogatives de commandant supérieur des 2°, 3° et 4° arrondissements en ce qui concerne les services de renseignements .

En temps de paix, les inspecteurs des électio sémaphores de chaque arrondissement sont chargés, sous l'autorité du chef d'E.M., de l'organisation des S.M.R. dans les régions dépendant de l'arrondissement .

<u>Fonctionnement</u> - Les bureaux de renseignements reçoivent les informations des forces navales, des sémaphores, des postes radiotélégraphiques, des commandants des fronts de mer, des différentes autorités militaires et civiles, etc........

Ces renseignements sont centralisés dans chaque région par les bureaux régionaux et ceux-ci en assurent la transmission "aux autorités intéressées" et au Bureau central du secteur.

La D.M. du 13 Novembre 1913 s'étend longuement ensuite sur l'organisation des transmissions, des réseaux téléphoniques à établir, etc..... et invite les Préfets Maritimes à faire étudier les réalisations matérielles nécessaires au système prescrit .

Il résulte de cet exposé que la plus grande latitude est laissée aux chefs des bureaux régionaux dans le choix des autorités qu'ils jugent nécessaire d'informer .

L'incertitude de ces relations entre le commandement et l'organe de renseignements amène, au cours de la guerre, des erreurs, des omissions, et en somme, un fonctionnement assez médiocre du service .

Après avoir rappelé dans plusieurs dépêches le rôle et la situation des bureaux de renseignements vis-à-vis des autorités maritimes, l'E.M.G. condense dans un document complet les principes et les règles à observer .

C'est l'Instruction du 24 Octobre 1915 sur l'organisation et le fonctionnement des bureaux maritimes de renseignements qui cette fois porte le timbre de la 1° section de l'E.M.G.

2° Période .

La 1° Section de l'E.M.G. a pris plus d'importance depuis 1915 et ses moyens d'action ont été accrûs. La liaison est établie désormais avec les bureaux correspondants de l'Armée, de la Sûreté générale, des marines alliées, et cette multiplication des sources d'information a permis la publication d'un bulletin de renseignements quotidien .

Aussi le service de renseignements à peine existant en 1914, manquant d'expérience et n'inspirant qu'une confiance limitée au commandement est-il devenu à la fin de 1915 un organisme actif et capable d'être utilisé avec fruit. Le Réglement de 1916 montre bien que l'E.M.G. entend en tirer et en faire tirer par les divers échelons tout le parti possible .

Nous allons examiner brièvement les dispositions prescrites .

L'Instruction du 24 Octobre 1916 indique d'abord que les services de renseignements de la Marine comprennent :

1°) La 1° Section de l'E.M.G. de la Marine

2°) Les bureaux maritimes de renseignements en France,
Algérie et Tunisie .
3°)Les services de renseignements dépendant des forces
navales .
4°) Les attachés navals .
5°) Le service secret .

Il n'est possible de traiter ici que la partie de cette
organisation se rapportant aux bureaux maritimes de renseignements. Ils constituent d'ailleurs les seuls organismes éta-
blis d'après un modèle réglementaire .

Objet du S.M.R.- La définition en est la même que dans la D.
M. de I9I3, sauf que les mots "opérations maritimes" y sont
remplacés par : "les actes,les mouvements et les tentatives
de l'ennemi,le trafic maritime et la surveillance des fron-
tières maritimes " .

Organisation générale - Pour assurer la bonne marche d'un service de renseignements,dit l'Instruction,il est indispensable
d'en relier toutes les parties étroitement et de les soumettre à l'autorité d'un petit nombre de chefs de zones,reliées
elles-mêmes à l'autorité unique , Celle-ci est le Département.

Les B.M.R. soumis seulement à ces autorités sont à la disposition de toutes les autorités maritimes qui doivent y recueillir les renseignements et leur envoyer ceux qu'elles reçoivent .

Le littoral reste donc divisé en zones et en secteurs comme par le passé,les chefs de zones étant les Préfets Maritimes
de Cherbourg,Brest,Toulon,Bizerte et le Commandant de la Marine dans la Z.A.N.,qui exercent leur commandement dans ce domaine par l'intermédiaire de leur chef d'B.M. chef du service
de renseignements de la zone ,

Les Préfets maritimes et les Commandants de la Marine non
chefs de zones n'ont aucune action sur le S.M.R.Ils n'en sont
que fournisseurs et clients,si l'on peut ainsi dire ,

Les mêmes dispositions qu'en I9I3 subsistent pour la clas-
sification des B.M.R. en

        B.M.C.R.   (Bureau Central)
        B.M.R.R.   (Bureau Régional)
        B.M.A.R.   (Bureau Annexe)

    Les chefs des B.M.C.R. des 1°,2° et 3° zones(Cherbourg,
Brest,Toulon) sont les Inspecteurs des électro-sémaphores des
1°,2° et 5° arrondissements .
    Les Inspecteurs des électro sémaphores des 3°,4° et 6°
arrondissements sont chefs des B.M.R.R. de leur secteur(Lorient,Rochefort,Toulon) .

Fonctionnement- Le rôle des chefs de B.M.R. n'est pas celui
d'un simple enregistreur ou répartiteur de renseignements.Le
B.M.R. étant un <u>organisme responsable</u> dit l'Instruction,le
Chef doit faire preuve d'<u>initiative</u> et de <u>discernement</u>,c'est
à dire provoquer au besoin de la part des autres services la
délivrance des renseignements et fournir de lui-même tous
ceux qu'il juge intéressants .
                                        La nécessité
    de la séparation des fonctions du service du chiffre et des
B.M.R. est rappelée .

    Des précisions plus complètes sont données sur les rela-
tions entre les B.M.R. et les diverses autorités,ainsi que
sur la nature des informations à recueillir et à centraliser.

    1°)Forces navales - Les autorités à la mer tiennent au
courant de leurs mouvements les B.M.C.R. intéressés à les
connaître.

    Lors de leur arrivée dans un port et lors de leur départ,
les autorités embarquées en préviennent le B.M.R. du port.
Les B.M.C.R. enregistrent méthodiquement les déplacements des
forces navales et bâtiments français et alliés. Il suivent,
dans la limite où les renseignements rassemblés permettent
    de tirer des conclusions valables,les mouvements des forces
ennemies et notamment des sous-marins .

    2°) Navires de commerce - Les B.M.R. se font tenir au
courant des mouvements des navires de commerce français ou
alliés qui se produisent à l'entrée ou à la sortie des ports
de leur secteur. Ils surveillent les mouvements des bâtiments
neutres et informent l'autorité maritime locale lorsqu'un bâ-
timent signalé comme suspect se présente dans un port .

Il n'est pas du ressort des B.M.R. de donner aux navires de commerce des instructions de route .

Toutefois les B.M.R. doivent avoir connaissance de ces instructions .

Service de renseignements - Les B.M.R. reçoivent des informations notamment :

    -de l'E.M.G.,1° section;

    -des forces navales;

    -des commandants de la marine,commandants de fronts de mer,chefs du service de la reconnaissance,officiers chargés de la police de la navigation,centres d'aviation,administrateurs et gardes de l'inscription maritime,chefs de poste des Douanes, gendarmes,éclusiers,etc....

    -des postes de T.S.F. et de radiogoniométrie,et des sémaphores.

En outre,les bureaux suivants centralisent et trient les renseignements qui leur sont transmis par lesx services secrets ci-dessous :

B.M.C.R. de Toulon   : Italie,Côte orientale d'Espagne.
B.M.R.R. de Rochefort : Côte nord d'Espagne et côte de Portugal .

De plus,le B.M.C.R. de Bizerte est en liaison directe avec Malte et Rome .

Le B.M.C.R. de Toulon avec Rome .

Le B.M.C.R. d'Oran avec Gibraltar.

Le B.M.C.R. de Brest avec Queenstown et Devonport .

Le B.M.C.R. de Dunkerque recueille les informations provenant de la côte de Belgique ;

Enfin,une des sources permanentes d'informations est le Bulletin quotidien de l'E.M.G. dont les extraits sont distribués aux B.M.R. intéressés .

Communication des renseignements - Les B.M.R. assurent sous leur responsabilité la transmission des renseignements qui leur parviennent à toutes les autorités que ces renseignements peuvent intéresser,en commençant toujours par celle qui a le plus d'intérêt à connaître le renseignement .

Lorsque le renseignement est urgent,les intéressés doivent être prévenus directement sans considération d'ordre hiérarchique .

Seuls les renseignements ne comportant pas d'utilisation immédiate sont envoyés par la voie hiérarchique .

Enfin une distinction est faite entre les renseignements ne pouvant être utilisés qu'après un ordre donné par une autorité(routes nouvelles,interdiction de navigation,par exemple). et ceux qui peuvent être utilisés sans nécessiter d'ordres (avis de sous-marin ennemi par exemple). Ceux de la 1° catégorie doivent être communiqués par le B.M.R. seulement à l'autorité qui en fera la répartition entre les intéressés; ceux de la 2° catégorie doivent l'être directement à tous les intéressés .

Le reste des Instructions traite des moyens de transmission,des réseaux télégraphiques,sémaphoriques,etc......

Là encore,il y a mélange des questions de renseignements et de transmission. Mais cet état de choses existe depuis longtemps et les deux espèces de problèmes s'enchevêtrent jusqu'à la fin de la guerre .

L'Instruction de 1916 réalise,en somme,sur tout le littoral,un réseau complet d'informations,avec des ramifications et des liaisons nombreuses .

On peut dire que le fonctionnement du service de renseignements proprement dit a donné satisfaction et que dans cette seconde période,les informations ont été abondantes,précises et exactes .

Mais ce qui est resté le point faible,c'est la liaison entre l'organe de renseignement et le commandement.Peut-être faut-il reconnaître qu'il devait en être ainsi,puisque par principe,les zones de commandement et les zones de renseignements ne coïncidaient pas.

Cet état de choses était dû,nous l'avons vu,à des nécessités d'exploitation du réseau des transmissions,tout au moins en 1913 .

Il ne semble pas qu'en 1916 la situation matérielle ait été modifiée à ce sujet et c'est sans doute pour n'avoir pas créé l'organe utilisateur avant les organes asservis qu'on a été conduit à un système dont il était trop tard pour corriger les défauts .

5° PARTIE .

CONCOURS PRETE PAR LA MARINE A LA GUERRE.

       Dès les premiers jours de la Guerre,pour faire face au
danger le plus pressant,la Marine consentait à mettre à la
disposition de l'Armée une partie de son personnel,de son
matériel et de ses moyens de production . Cette aide indispensable était accordée avec d'autant moins d'hésitation qu'
on songeait à une guerre courte et qu'un accroissement ulté-
rieur de la Flotte ne paraissait pas à envisager. Le seul
entretien des forces navales existantes laissait donc dispo-
nibles des ressorces importantes .

       A partir de 1915,la Marine s'aperçut qu'elle avait peut-
êtrex été un peu loin dans cette voie de la générosité et qu'
elle avait besoin pour elle-même de ses arsenaux,de son personnel ouvrier,de ses marins,de ses ingénieurs, afin de créer
le matériel spécial et d'armer les unités nouvelles exigées
par la forme que prenait la guerre sur mer .

       Aussi voit-on dans la Correspondance de la Marine avec
l'Armée,surtout en 1916,divers documents rappelant l'importance de l'aide fournie et exposant l'impossibilité de con-
tinuer un tel concours .

       Nous allons examiner de quel ordre il a été en ce qui
concerne le personnel et le matériel de la Marine mis à la
disposition de la Guerre .

CHAPITRE 1 -

LE PERSONNEL ..

La Marine a fourni à l'Armée trois catégories de personnel :
1°) du personnel technique,
2°) des formations militaires complètes,
3°) des inscrits maritimes et des matelots sans spécialité versés dans les corps de troupes .

Personnel technique - La Marine a commencé par verser dans l'Armée 37 ingénieurs du Génie maritime, comme officiers d'artillerie et du génie, et un petit nombre d'autres dans divers services dépendant de la Guerre . Ils furent rappelés en 1915 et 1916 pour le service de la Marine .

D'autres ingénieurs et agents techniques ont été prêtés ensuite pour mettre au point des fabrications nouvelles dans les établissements travaillant pour la guerre .

Au G.Q.G., 4 équipes constituées d'ingénieurs, agents techniques et ouvriers des constructions navales et des travaux hydrauliques travaillaient à la réfection des ponts dans la zone des armées.

Enfin, il faut principalement compter le personnel employé dans les arsenaux à la fabrication des munitions et du matériel destinés à l'armée . On peut l'évaluer en 1916 à 40% de l'effectif total du personnel technique de la Marine. La Marine avait d'ailleurs remis à la disposition de l'Armée en Août 1914 environ 5.000 ouvriers et une centaine d'agents techniques mobilisables qu'il lui fallut récupérer ensuite pour les besoins des arsenaux.

Formations militaires - Ces formations comprenaient:

1°/ La Brigade des fusiliers marins (164 officiers, 7.000 marins) devenue, après dissolution en Novembre 1915, le Bataillon de marche des fusiliers marins (28 officiers, 1525 hommes) .

2°/ Neuf batteries de canonniers marins (72 officiers
et 2.300 hommes) .

3°/ 32 sections d'auto canons et 11 sections d'autos-
projecteurs . Ces formations qui absorbaient 44 officiers et
914 marins furent dissoutes entre Avril et Septembre 1916 et
leur personnel remis au service général .

4°/ Trois ba teries de canonnières fluviales (17 officiers et 710 marins) .

5°/ 43 officiers et 1200 hommes environ employés dans
divers établissemsnts et services de la guerre (aviation,pon-
tonniers,usines de fabrications...)

Inscrits maritimes et matelots sans spécialité -

1°/ 22.000 inscrits de tous grades se trouvaient en Août
1914,en excédent aux besoins immédiats de la flotte militaire et commerciale. Ils furent versés dans la réserve de l'armée de terre . 7.000 durent être rappelés dans la marine pour
l'armement des unités de patrouille et des bâtiments de commerce. Il en restait donc environ 15.000 dans les corps de
troupe en 1916 .

2°/ 6.000 matelots sans spécialité furent de même versés dans les corps de troupes pour la durée des hostilités .

Enfin,il faut compter dans ces évaluations le personnel
fourni par la Marine pour remplacer les troupes affectées à
la défense des côtes,ce qui nécessita
67 officiers et 5.000 marins .

LE MATÉRIEL ET LES MOYENS DE PRODUCTION.

L'aide apportée par la Marine à l'Armée a consisté principalement au début en matériel d'artillerie lourde . Les
pièces de gros calibre des fronts de mer peu menacés,les canons provenant des bâtiments démolis ou désarmés permirent
d'avoir au front pendant l'hiver 1914-1915 les moyens qui
faisaient défaut . On emprunta même certains canons réser-
vés à des bâtiments en achèvement (LORRAINE).

Mais ce n'était là qu'un secours momentané. A partir de
l'automne 1914,la Marine s'organisa pour produire en partie
le matériel que l'industrie ne pouvait fournir en quantité
suffisante .

Parmi l'infinie variété des besoins de l'Armée,indiquons
rapidement ceux pour lesquels on eut recours à la Marine.

-Matériels d'équipement et de campement (pelles,pioches,
outils,tentes,couchages,bidons,gamelles,cartouchières,cein-
turons,etc.....)
-Voitures de toutes sortes(fourgons,voiturettes,fourra-
gères,caissons,etc...)
-Matériel de construction et d'ameublement .
-Matériel d'artillerie(bouches à feu neuves ou transfor-
mées,accessoires,affuts,etc.....)
-Ponts-routes métalliques,passerelles.
-Obus et munitions diverses,chargements et réfections
de douilles .

C'est sans doute dans la fabrication des munitions que la
Marine a prêté le concours le plus utile à l'Armée .

En Octobre 1914,avait été créé au Ministère de la Marine
le service de centralisation des fabrications d'obus de 75 .
Ce service utilisait non seulement les ateliers d'artillerie
et les Pyrotechnies,mais encore les ateliers des constru -
tions navales,dont il fallut adapter l'outillage à cette fabrication et instruire le personnel .

En 1916,le "groupe Marine",comprenant les arsenaux et les
établissements privés contrôlés par la Marine,produisait
2.000 obus par jour

Enfin, dans certains arsenaux, comme Lorient, on réparait le matériel roulant des chemins de fer .

Cette énumération fort incomplète du rôle de la Marine comme fournisseur de l'Armée permet de mesurer les inconvénients d'un tel système .

A Brest, par exemple, tout l'effectif ouvrier employé aux Constructions neuves avant la guerre se trouvait en 1915 affecté aux fabrications de l'Armée. L'abdication de la Marine, consentie dans des circonstances d'une gravité et d'une nature exceptionnelles en 1914 ne se justifiait plus à partir de 1915, alors que le pays réclamait la protection du trafic et la lutte contre le sous-marin .

Aussi à partir de 1916, grâce à l'entrée en action des nouvelles industries de guerre créées sur le territoire, l'armement de l'Armée put s'effectuer dans des conditions normales et les arsenaux de la Marine furent rendus peu à peu à leur fonction naturelle. Ils ne participèrent plus qu'à certaines fabrications (obus) avec une activité d'ailleurs réduite .

Le sacrifice demandé à la Marine semblait terminé .

Quelques années plus tard, le traité de Washington devait nous apprendre ce qu'il en coûtait d'avoir renoncé à l'achèvement des cinq cuirassés "NORMANDIE" et de n'arriver à la paix qu'avec une flotte appauvrie et usée, n'ayant plus dans le monde la place qu'elle occupait en 1914 ./.

C O N C L U S I O N S .

-o-o-o-o- o-

<u>Le Service Central</u>.

Le Service Central doit être en mesure d'assurer un triple rôle :

- de préparation à la guerre.

- de commandement

- d'administration.

Etait-il outillé en 1914 pour remplir ces fonctions? Nous n'examinerons que les deux premières qui sont plus spécialement d'ordre militaire.

1°)- Préparation à la guerre.

Elle peut se diviser en 2 parties :
a)- La recherche des meilleurs modes d'action contre les adversaires éventuels, ce qui implique :

- la connaissance des moyens de l'ennemi

- l'établissement de plans d'opérations adaptés aux moyens dont on dispose et aux éventualités envisagées.

b)- La préparation de l'outil de guerre comprenant :

- la définition des moyens d'action nécessaires en personnel et matériel.

- la réalisation de ces moyens.

- l'entraînement du personnel et la mise au point du matériel.

L' E.M.G. a, dans cette tâche, le rôle de la conception. Pour qu'il puisse s'en acquitter, il est nécessaire que <u>chacune de ses fonctions soit attribuée à un bureau déterminé et que le groupement de ces attributions assure la cohésion</u> du travail et la liaison conformément aux vues du Chef d'-E.M.G.

On peut reprocher au système de 1914 de n'avoir pas assuré une répartition satisfaisante du travail. La 4ème section de l' E.M.G. à cette époque a un rôle beaucoup trop lourd, puisqu'elle doit à la fois établir les plans d'opérations, définir les moyens d'action demandés par l'E.M.G. et s'occuper de l'entraînement du personnel et de la mise au point du matériel.

La Solution actuelle, permettant une division objective du travail entre 4 bureaux mieux équilibrés semble un progrès notable.

Mais l'E.M.G. de 1914 est surtout trop faiblement constitué; les sections manquent de personnel et l'on ne peut compter que la 4ème section représente avec un effectif de 7 officiers la totalité des connaissances nécessaires à sa tâche énorme.

Cette situation s'aggrave par le départ de plusieurs officiers dans les premiers jours de la guerre.

L'E.M.G. de 1914 semble n'avoir pas prévu que son rôle continuerait pendant les hostilités.

Il n'est pas dans notre intention de critiquer le commandement qui avait préparé une guerre courte et violente. La riposte doit être adaptée à l'attaque et il est certainement plus périlleurx de ménager ses efforts en vue d'une guerre supposée longue que de se disposer à brusquer la décision dès le début si possible.

Mais au sein de l'E.M.G. on ne peut accepter une diminution des cadres quelle que soit la forme que prenne la guerre.

L'expérience montre en effet que la tâche de "préparation à la guerre " telle que nous l'avons définie, n'est jamais terminée, tant que durent les hostilités. Au cours de la lutte, les moyens de guerre se transforment et se multiplient . L'œuvre de l'E.M.G. devient alors une course vers la recherche de moyens nouveaux, plus efficaces, et encore inconnus de l'ennemi, tant pour l'attaque que pour la défense.

Il est donc indispensable de prévoir pour le temps de guerre un renforcement des bureaux de l'E.M.G.

La tâche de l'E.M.G. étant ainsi terminée, il reste à organiser les services de telle sorte qu'ils puissent satisfaire le plus rapidement possible aux demandes de l'E.M.G., et enfin à régler les rapports de l'E.M.G. et des services.

Il semble désirable de laisser la plus grande autonomie aux services, pour ce qui concerne leur organisation intérieure, leurs méthodes de travail, leur fonctionnement. Ce n'est pas dans ce domaine que le commandement doit intervenir, mais seulement dans le contrôle de l'exécution des directives qu'il a données.

Or le contrôle doit être indépendant de la direction
des services contrôlés.

Le système de 1914 présentait donc un défaut à ce
point de vue puisque les Directeurs Militaires étaient
Inspecteurs permanents.

On peut également reprocher à cette organisation d'-
avoir fait intervenir une autorité militaire dans la
Direction des services. C'était, à notre avis, un empiè-
tement du commandement dans le domaine technique, bien que
les Amiraux Directeurs Militaires fussent indépendants de
l'E.M.G.

On a, dans ce système, confondu " contrôle " et " direction". Encore faut-il que le contrôle soit une émana-
tion directe du commandement responsable, ce qui n'était
pas le cas.

L'histoire de 1914 suggère encore l'idée que les services
doivent organiser dès le temps de paix, conformément aux
vues de l'E.M.G., leur propre préparation à la guerre. Ils
doivent régler dès le temps de paix tout ce qui concerne la
main d'oeuvre et les matières premières dont ils auront
besoin, la disponibilité des chantiers de construction,
les ports et les moyens de ravitaillement, afin que leur
activité puisse se maintenir ou s'accroître suivant les
besoins militaires. La liaison entre l'E.M.G. et les Services doit être parfaitement assurée de ce côté.

2°)- Le Commandement.-

Le plus grave reproche que l'on puisse adresser à l'organisation du Service Central en 1914 est que le Haut Commandement des Forces Maritimes n'est pas défini.

Théoriquement et conformément à la Constitution c'est
le Ministre qui est C.E.C. de l'Armée de Mer. L'expérience
a vite montré qu'il ne peut jouer un tel rôle, absorbé qu'-
il est par ses fonctions de membre du gouvernement d'une
part, par celle d'administrateur du Département de la Marine, d'autre part.

Pratiquement, son conseiller militaire, le Chef d'Etat-
Major Général, peut parler en son nom. Mais si une autre
autorité militaire relevant directement du Ministre n'a
pas les mêmes vues que le Chef d'E.M.G., ce sera au Ministre
de décider entre ces deux avis peut être inconciliables.

Et comment le Chef d'Etat-Major peut-il être réellement
responsable de la préparation à la guerre s'il n'a pas les

moyens d'exécuter ou d'imposer à un exécutant les plans
d'opérations qu'il a élaborés?

L'histoire des premiers jours de la Guerre illustre
cette absence d'organisation: Le Chef d'Etat-Major a
prévu pour l'Armée Navale un rôle différent de celui que
concevait l'Amiral de Lapeyrère. Il ne peut donner d'instruction à ce dernier puisqu'il est admis alors que le
C.E.C. de l'Armée Navale est seul responsable des mesures à prendre pour se conformer aux directives du gouvernement concernant la maitrise de la Méditerranée.

Cet exemple montre combien est indispensable ce que
l'on appelle maintenant l'organisation du Commandement
c'est-à-dire la définition préalable des responsabilités
aux divers échelons et la création des échelons nécessaires à la souplesse du Commandement. Le nombre de ces
échelons peut varier d'ailleurs, suivant les circonstances
et suivant les facilités plus ou moins grandes dont dispose le Commandement Central pour faire agir à sa volonté
les exécutants.

Mais un principe parait devoir être respecté toujours:
La nécessité d'u seul C.E.C. responsable de l'emploi de
toutes les Forces Maritimes, pouvant coordonner leur action sur les divers théâtres d'opérations.

Afin d'être en contact permanent avec le gouvernement
et de disposer de renseignements les plus complets pour
ses décisions ce chef doit résider au Ministère.

Il est logique enfin que ce soit lui qui ait préparé
dès le temps de paix les moyens d'action qu'il utilisera.

C'est la solution actuellement adoptée qui fait du Chef
d'Etat-Major Général le C.E.C. des Forces Maritimes en
temps de guerre.

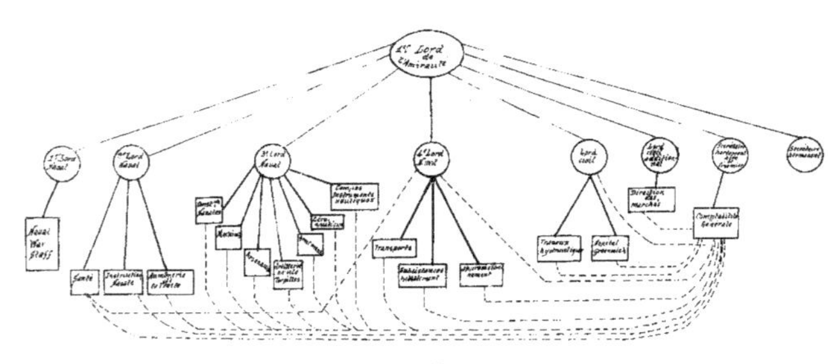

Annexe II

Board of Admiralty
en 1914